**Este diario pertenece a:**

_____

_____

_____

_____

Este diario está diseñado para ser utilizado con las sesiones del Curso para Novios | Prematrimonial. Consulte la página 95 para obtener más información sobre cómo unirse u organizar un curso.

© Alpha International 2020
Primera edición publicada en 2001
Esta nueva edición publicada en 2020
10 9 8 7 6 5 4 3 2 1

ISBN 978 0 31014 494 6 (softcover)
ISBN 978 0 31014 495 3 (ebook)

Publicado por Alpha International, HTB Brompton Road, Londres SW7 1JA. Diseñado por Birch®, 4 Plantain Place, Crosby Row, Londres SE1 1YN. internationalpublishing@alpha.org

# Contenido

# ¿Cómo usar este diario?

Para ayudarte a aprovechar al máximo tu diario, utilizamos símbolos para indicarte las actividades específicas:

Cuando hay que escribir algo

Cuando deben hablar en pareja

Cuando es momento de pensar y reflexionar

Cuando hay que anotar tus intenciones, por ejemplo, tus planes para una cita nocturna o esperanzas para el futuro

Cuando tienen que intercambiar diarios y escribir algo en el diario de tu pareja que será útil para que lo recuerden en el futuro

Después del curso, esperamos que este diario les sirva como recordatorio de lo que descubrieron el uno del otro, y que los ayude a poner en práctica lo que aprendieron.

# Contenido

# ¿Cómo usar este diario?

Para ayudarte a aprovechar al máximo tu diario, utilizamos símbolos para indicarte las actividades específicas:

Cuando hay que escribir algo

Cuando deben hablar en pareja

Cuando es momento de pensar y reflexionar

Cuando hay que anotar tus intenciones, por ejemplo, tus planes para una cita nocturna o esperanzas para el futuro

Cuando tienen que intercambiar diarios y escribir algo en el diario de tu pareja que será útil para que lo recuerden en el futuro

Después del curso, esperamos que este diario les sirva como recordatorio de lo que descubrieron el uno del otro, y que los ayude a poner en práctica lo que aprendieron.

# Bienvenidos al Curso para Novios / Prematrimonial

Este curso se basa en principios universales sobre el matrimonio que son relevantes para cualquier pareja, en cualquier lugar.

El proceso de construir un matrimonio sólido no es automático. Esperamos que descubran las actitudes, los valores y los hábitos necesarios para construir un matrimonio sólido y saludable que dure toda la vida.

Este diario está diseñado para que puedan reflexionar, hablar y soñar juntos sobre su futuro, no solamente durante el curso, sino también después. No hay respuestas correctas o incorrectas y nadie más verá sus diarios.

Esperamos que utilicen herramientas de este curso que les servirán para invertir en su matrimonio por el resto de sus vidas. Y esperamos que se diviertan al descubrir cosas que no sabían sobre su pareja.

Ya sea que estén comprometidos o explorando la idea de casarse, están por empezar un camino apasionante.

*Nicky and Sila*

**Nicky and Sila Lee**
*Creadores del Curso para Novios / Prematrimonial*

# La
# Comunicación

# Sesión 1 – La Comunicación

"

**El matrimonio implica el compromiso de decir: 'Estoy dispuesto, no solamente para pasar el resto de mi vida contigo, sino para pasar el resto de mi vida descubriéndote. Siempre habrá más por descubrir sobre tu pareja.'**

DR. ROWAN WILLIAMS (ANTIGUO ARZOBISPO DE CANTERBURY)

¡Cuando nos casamos nos damos cuenta de que algunas de nuestras suposiciones más arraigadas sobre la vida no son compartidas universalmente!

## CONVERSACIÓN 1
5 minutos

### EXPECTATIVAS DIFERENTES
Intenten identificar las diferencias que tienen en cuanto a sus expectativas para el matrimonio como resultado de la crianza de cada uno o sus diferentes orígenes culturales.

Por ejemplo: *el grado de vinculación que tendrán con sus familias extensivas; la frecuencia con la cual tendrán visitas en su hogar; si tendrán muebles nuevos o viejos; si tirarán las cosas rotas o las repararán; quién cocinará la mayor parte del tiempo; qué harán para relajarse.*

# Aprendiendo a comunicarse

La comunicación implica hablar y escuchar con eficacia.

Todos nos comunicamos de forma diferente y esto se ve afectado por:

- **nuestra personalidad**

- **nuestra historia**

## 1. Nuestra personalidad

### Extrovertidos
Tienden a procesar sus pensamientos externamente. Es decir,
tienden a pensar en voz alta.

### Introvertidos
Tienden a organizar sus pensamientos en sus mentes antes de hablar.

### Analíticos
Resuelven las cosas metódicamente y esperan mucho tiempo para tomar
decisiones.

### Intuitivos
A menudo actúan en base a corazonadas y llegan a conclusiones precipitadas.

> **La capacidad de hablar abierta y honestamente sobre nuestras diferencias es imprescindible para un matrimonio sólido.**

*'¡Te alabo porque soy una creación admirable!*
*¡Tus obras son maravillosas, y esto lo sé muy bien!'*
— SALMO 139:14

## CÓMO NOS COMUNICAMOS

Dile a tu pareja cómo crees que su personalidad afecta la forma en que se comunica.

## 2. Nuestra historia familiar

Algunas familias son calladas, otras son mucho más ruidosas.

Algunas familias son más volátiles, otras son más tranquilas.

Algunas familias se turnan para hablar, otras se interrumpen con frecuencia.

**Algunas familias expresan sus diferencias inmediatamente; otras postergan o evitan en absoluto hablar de los puntos de vista conflictivos.**

## CONVERSACIÓN 3
10 minutos

## ESTILOS DE COMUNICACIÓN FAMILIAR
Hagan el siguiente ejercicio por su cuenta y luego conversen sobre el mismo.
Marca con una 'x' donde crees que tu propia familia está en la línea entre los dos
extremos.

En general, la comunicación en mi familia fue:

Indirecta ———————————————————— Directa

Imprecisa ———————————————————— Específica

Relajada ———————————————————— Estresante

No conflictiva ———————————————————— Conflictiva

Cerrada ———————————————————— Abierta

Ruidosa ———————————————————— Reservada

Divertida ———————————————————— Seria

Nos interrumpimos ———————————— Nos turnamos para hablar

¿Cómo ha afectado la forma en que tu familia se comunicaba cuando eras niño
a la forma en que te comunicas ahora? ¿Qué tan diferente es esto a la forma en
que la familia de tu pareja se comunica?

# Obstáculos para una buena comunicación

## 1. No agendar tiempo

Es importante que agenden tiempo para tener conversaciones significativas de forma regular.

- planifiquen este tiempo (no sucede automáticamente)
- protejan este tiempo de distracciones e interrupciones, como, por ejemplo, celulares y otros dispositivos

Reconozcan cuándo haya que dejar todo y escuchar.

**¿Cuáles podrían ser las cosas que les impiden tener tiempo para conversar todos los días?**

## 2. No hablar de nuestros sentimientos

Algunas personas tienen que aprender a hablar de sus sentimientos, ya que no han tenido un modelo a seguir mientras crecían.

- Puede que les resulte difícil hablar de sus sentimientos debido a la falta de habilidad, la vulnerabilidad o por el miedo a la forma en que la otra persona responderá
- Atrévete a confiar tus sentimientos a tu pareja.

Escúchense sin juzgar o criticar.

## CONVERSACIÓN 4

10 minutos

### CONVERSACIÓN EFICIENTE

– Túrnense para contarse cómo tienden a comunicarse cuando se sienten ansiosos, irritados o bajo presión.

– ¿Estás imitando lo que observaste al crecer?

– Pregúntale a tu pareja qué tan fácil o difícil es para ellos hablar sobre sus pensamientos, actitudes y emociones internas.

–Averigua si fueron alentados a hablar de sus sentimientos durante su crianza.

**Para construir un matrimonio sólido, es esencial compartir nuestros pensamientos y sentimientos más íntimos.**

### 3. No escucharse el uno al otro

**Escuchar es sumamente importante para construir una base de comprensión e intimidad en el matrimonio.**

No ser escuchado es muy perjudicial para una relación.

Cuando alguien nos escucha, nos sentimos:

- entendidos

- valorados

- apoyados

- amados

Debemos superar los **malos hábitos de escuchar,** como, por ejemplo:

- no prestar atención

- salirse por la tangente

- dar consejos

- tranquilizar

- interrumpir

**¿Reconoces alguno de estos malos hábitos para escuchar, en ti mismo?**

# ¿Cómo escuchar?

Hay que tener paciencia para aprender a escuchar efectivamente.

Escuchar efectivamente significa:

- permitir que nuestra pareja termine lo que quiere decir
- dejar de lado nuestra propia agenda y buscar ver el mundo a través de los ojos de nuestra pareja
- hacer el esfuerzo de entenderlos cuando piensan o sienten de manera diferente a nosotros

## CONVERSACIÓN 5
15 minutos

### ESCUCHA REFLEXIVA

1. Uno debe decir al otro, **'Cuéntame algo que te preocupe'.**

   Escucha con atención y, cuando tu novio/a haya terminado, retransmite lo que dijo, en particular sobre sus sentimientos, para mostrar que hayas entendido.  Si no entendiste, pídele a tu novio/a que te lo vuelva a decir.

2. Luego pregunta, **¿Qué es lo que más te preocupa sobre lo que me contaste?** Retransmite lo que escuchaste.

3. A continuación, pregunta, **'¿Hay algo que tu podrías hacer (o, si corresponde, que yo o nosotros podríamos hacer) sobre lo que acabas de decir?** Nuevamente, retransmite lo que dijeron.

4. Finalmente, pregunta, **¿Hay algo más que te gustaría decir?** Retransmite lo que dijeron.

Luego, cambien roles.

# Continuando con la conversación

'El don de ser un buen oyente, un don que requiere práctica constante, es quizás el don más sanador que alguien puede tener. No juzga ni aconseja al otro, pero transmite apoyo a un nivel más profundo que las palabras'.

— Gerard Hughes

**Planifiquen una cita juntos**

| | Lun | Mar | Mier | Juev | Vier | Sáb | Dom |
|---|---|---|---|---|---|---|---|
| Mañana | | | | | | | |
| Tarde | | | | | | | |
| Noche | | | | | | | |

Mi turno / tu turno para organizar lo que haremos.

Esta semana, podríamos ...................................................................................................................

**Iniciadores de conversación para su próxima cita**
Pregúntale a tu novio/a: '¿Cuáles han sido las mejores vacaciones de tu vida?' Y, '¿Dónde sería el destino de vacaciones de tus sueños?'

**¿Qué esperas aprender en el curso?**

## La comunicación efectiva

Tómense tiempo durante la próxima semana para escribir sus respuestas a las siguientes preguntas y luego conversen juntos sobre las mismas.

**1. ¿Eres buen oyente?**

De 1 a 10, califica tu capacidad como oyente:

1    2    3    4    5    6    7    8    9    10

**2. ¿Cómo calificarías a tu pareja?**

1    2    3    4    5    6    7    8    9    10

**3. ¿En qué momentos tuvieron las mejores conversaciones sobre sus pensamientos y emociones más profundos?**

**4. ¿Qué momentos y lugares son los más propicios para una buena comunicación?**

**5. ¿Cuáles han sido los peores momentos y lugares para comunicarse efectivamente? ¿Saben por qué?**

**6. Completa lo siguiente: Me resulta más fácil ser abierto y vulnerable contigo cuando...**

Este ejercicio está adaptado de Looking up the Aisle por Dave y Joyce Ames (Mission to Marriage, 1994).

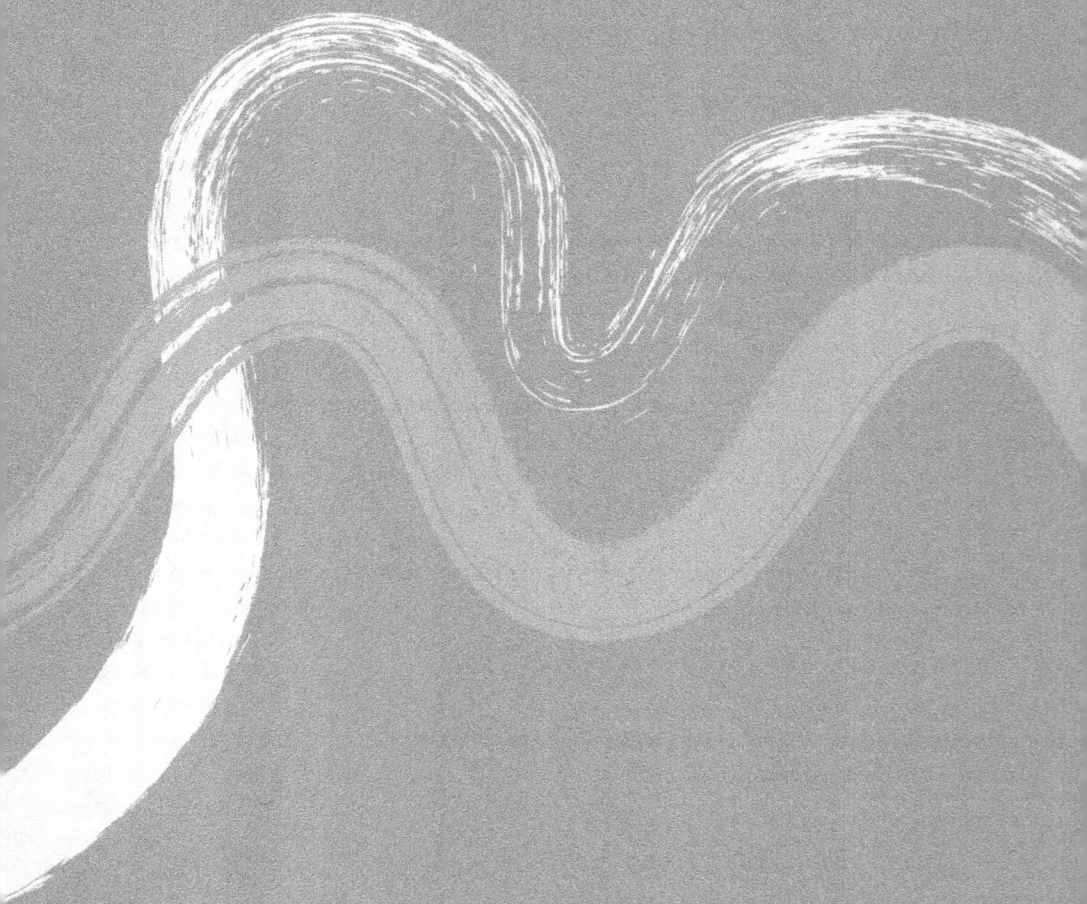

# El Conflicto

# Sesión 2 - El Conflicto

# Posibles Conflictos

El conflicto es inevitable en toda relación

- somos diferentes con diferentes historias, deseos,
  prioridades y personalidadess

- todos somos egocéntricos hasta cierto punto

**No se trata de si tendremos desacuerdos o no; el
asunto es cómo manejamos esos desacuerdos. Lo
verdaderamente importante para cada pareja es
tener las herramientas para resolver los conflictos
de manera constructiva.**

# Controlar la ira

**El enojo no está mal en sí mismo;** sino que la forma en que manejamos nuestro enojo es lo que puede ser perjudicial.

Estos dos animales ayudan a ilustrar dos formas inapropiadas e improductivas de manejar nuestra ira:

- **rinocerontes:** hacen saber que están enojados de inmediato, van al ataque

- **erizos:** tienden a ocultar su enojo; es probable que se callen y se retiren

- Ambos representan formas dañinas e ineficaces de resolver conflictos

Los rinocerontes y los erizos pueden aprender a ventilar los desacuerdos de una manera constructiva sin lastimarse unos a otros en el proceso.

## CONVERSACIÓN 1
10 minutos

### RINOCERONTES Y ERIZOS
Pregúntate si tienes más tendencia de rinoceronte o erizo cuando estás enojado. Si no estás seguro, pregúntale a tu novio/a, ¡quien podría llegar a tenerlo más claro!

Hablen sobre la manera en que cada uno suele responder cuando se siente herido, y cómo muestran su enojo.

# Reconocer y aceptar nuestras diferencias

Algunas de nuestras diferencias tienen que ver con nuestra personalidad. Algunos somos:

- Cautelosos / Impulsivos

- Organizados / Relajados- ir con la corriente

- De tomar las riendas / de apoyar

- Extrovertidos / Introvertidos

- De ahorrar / de gastar

Una personalidad no es ni mejor ni peor que la otra, simplemente es diferente. No debemos esperar que nuestro novio/a cambie para ser como nosotros.

> **Al reconocer y aceptar nuestras diferencias, podemos aprender a valorar las fortalezas de cada uno y apoyarnos mutuamente en nuestras debilidades. De esa manera, podremos trabajar efectivamente como equipo.**

## CONVERSACIÓN 2
10 minutos

### RECONOCIENDO SUS DIFERENCIAS
1. Marca en cada tema, dónde se encuentran las preferencias de tu pareja y las tuyas, p. ej. (N = Nicky; S = Sila)

| Dinero | | S | | N | |
|---|---|---|---|---|---|
| | | Gastar | | | ahorrar |
| Puntualidad | | S | | N | |
| | | Tener tiempo de sobra | | Dejarlo a última hora | |

| TEMA | PREFERENCIA |
|------|-------------|
| Dinero | Gastar — Ahorrar |
| Vacaciones | Aventura — Descanso |
| Persona | Pasar tiempo con otros — Pasar tiempo a solas |
| Acostarse | Tarde — Temprano |
| Orden | Mantener todo ordenado/bajo control — Estar relajado/vivir en desorden |
| Desacuerdos | Confrontar — Mantener la paz |
| Televisión | Mantenerla encendida — Apagada |
| Relajación | Salir — Quedarme en casa |
| Puntualidad | Tener tiempo de sobra — Dejarlo hasta última hora |
| Planificación | Hacer planes/aferrarse a ellos — Ser flexible/cambiar de planes |
| Organización | Organizado — Desorganizado |
| Decisiones | Impulsivo — Cauteloso |
| Familia | Visitas frecuentes — Visitas ocasionales |
| Amigos | Muchísimos — Unos pocos cercanos |
| Musica | Me gusta escucharla — sólo en ciertos momentos |
| Hablar | Hablador — Callado |
| Cambio | Disfruto el cambio — Resisto el cambio |
| Iniciativa | Me gusta iniciar — Prefiere responder a las ideas de los demás |
| Enfoque | Centrado en objetivos — Centrado en las relaciones |

2. Analicen cómo sus diferencias pueden complementarse en su relación.

# Buscando soluciones juntos

Darse cuenta de que están del mismo lado.

Busquen una solución "nuestra".

Estén listos para apretar el 'botón de pausa'

- ¿es la hora idónea
  para conversar?

- ¿estamos en el lugar
  indicando?

**La regla de las 22hrs en punto**
La regla de las 22hrs en punto puede ser utilizada por cualquiera de los dos (por ti o tu pareja) si están discutiendo a última hora de la noche. Significa que la discusión debe detenerse y posponerse hasta un mejor momento.

> **Buscar una solución juntos requiere un cambio de mentalidad; tenemos que darnos cuenta de que estamos del mismo lado, no en lados opuestos. Luego hay que conversar y buscar una solución que funcione para ambos.**

# Cinco pasos para encontrar una solución

### 1. Identificar y centrarse en el tema que causa conflicto

Identifiquen el tema que está causando conflicto entre ustedes.

Pongan el tema sobre la mesa y trabajen juntos en él

### 2. Hablar en primera persona

Eviten afirmaciones que empiecen con: *'Tu siempre...' / 'Tu nunca...'*

Describan sus sentimientos, por ejemplo: *'Me siento molesto porque...'*

### 3. Escuchar al otro

Traten de comprender y valorar la perspectiva del otro.

Túrnense para hablar.

### 4. Pensar en posibles soluciones

Hablen acerca de las diferentes posibilidades.

Les podría resultar útil escribir una lista.

### 5. Elegir la mejor solución por ahora y revisarla después

Si no funciona, busquen otra solución.

Si no logran encontrar una solución juntos, pidan ayuda.

## CONVERSACIÓN 3

10 minutos

## APLICAR LOS CINCO PASOS

1. ¿Qué patrones de resolución o no resolución de conflictos observaste en el matrimonio de tus padres (o figuras paternas principales)?

2. ¿Qué cosas desencadenan el conflicto en su relación?

3. ¿Qué hace que el conflicto se intensifique, y qué ayuda a cada uno de ustedes a apretar el 'botón de pausa'?

4. De los cinco pasos para resolver el conflicto, ¿cuál es el más importante para cada uno de ustedes?

# El proceso de sanar el dolor

**El dolor es inevitable en el matrimonio y este dolor debe sanarse para que nuestra relación prospere.**

**Existe un proceso de sanación sencillo pero poderoso:**

## 1. Hablar del daño

Cuéntale a tu pareja en que ocasiones te ha lastimado.

No te aferres al dolor ni permitas que se acumule la autocompasión y el resentimiento

> **Pregúntense con frecuencia: '¿Hay algo por lo que debas perdonarme?'**

## 2. Pedir perdón

El orgullo puede hacer que sea difícil pedir perdón.

Disculparse significa asumir la responsabilidad por nuestras palabras o acciones equivocadas.

> **¿Te resulta difícil decirle a tu pareja cuando te ha hecho enojar o pedir perdón cuando la has lastimado?**

## 3. Perdonar

**El perdón es la mayor fuerza de sanación en un matrimonio.**

**El perdón NO ES:**

- olvidar que el daño sucedió

- fingir que no importa

- no confrontar el comportamiento incorrecto e hiriente de nuestra pareja

---

*"El amor no guarda rencor".*

— 1 CORINTIOS 13:5

**El perdón ES:**

- enfrentar el daño que nos han hecho

- reconocer las emociones internas

- elegir no guardar rencor contra nuestra pareja

- renunciar a la autocompasión

**Ante todo, el perdón es una elección, no un sentimiento**

- nuevos sentimientos surgen como resultado del perdón

- el perdón es un proceso: a menudo necesitamos seguir perdonando (a veces a diario)

- el perdón ayuda a combatir la ira y el resentimiento, aunque es posible que nos sintamos heridos hasta que la sanación sea completa

> **"**
>
> **La palabra resentimiento expresa lo que sucede si el ciclo de la culpa no se interrumpe. El sentido literal de la palabra es: 'sentir de nuevo'; el resentimiento se aferra al pasado, lo revive una y otra vez, se quita cada costra fresca y de esta manera la herida no se cura nunca.**
>
> ¿QUÉ ES TAN ASOMBROSO ACERCA DE LA GRACIA?
> POR PHILIP YANCEY

'Tolérense unos a otros y perdónense si alguno tiene queja contra el otro. Así como el Señor los perdonó, perdonen también ustedes.'
— COLOSENSES 3:13

## CONVERSACIÓN 4
15 minutos

### SANAR LAS HERIDAS
Completa los puntos 1 y 2 con todo lo que se te viene a la mente.

1. Me siento herido por lo que hiciste/no hiciste/dijiste/no dijiste cuando:


2. Creo que podrías estar lastimado por lo que hice/ no hice/dije/no dije cuándo:


Muéstrense sus respuestas y reflexionen sobre lo que cada uno escribió. Luego, modifica el punto 2 si es necesario. Ahora, o más adelante, completa los puntos 3 y 4:

3. Lo siento mucho por:


4. Elijo perdonarte por:


Tomen turnos para decirle a su pareja que fue lo que escribieron en los puntos 3 y 4. Si es necesario, tomen tiempo durante la siguiente semana para resolver estos puntos. Si se sienten atorados como pareja, busquen ayuda.

# Continuando con la conversación

'Identificar y centrarse en el problema suele ser la mejor manera de evitar que los conflictos se intensifiquen".

— Nicky y Sila Lee

## Planifiquen una cita juntos

| | Lun | Mar | Mier | Juev | Vier | Sáb | Dom |
|---|---|---|---|---|---|---|---|
| Mañana | | | | | | | |
| Tarde | | | | | | | |
| Noche | | | | | | | |

Mi turno / tu turno para organizar lo que haremos.

Esta semana, podríamos ................................................................................................

---

**Iniciadores de conversación para su próxima cita**
Pregúntale a tu pareja: '¿Qué nos hace reír a los dos?'

Y, '¿Qué podríamos hacer para crear más momentos de diversión y risas entre nosotros?'

---

**¿Qué significa el perdón para ti? ¿Qué tan fácil te resulta perdonar?**

---

**Piensa en tu crianza: ¿puedes identificar a las personas de tu familia que reaccionaron más como el rinoceronte y las que reaccionaron más como el erizo durante una discusión?**

## Llegando a un acuerdo

Agenden un tiempo y un lugar adecuado para platicar
sobre un tema importante que está causando desacuerdo entre ustedes.

**1. Identifiquen el problema.**

**2. ¿Cómo ha respondido cada uno de ustedes frente a este problema en el pasado?**

Yo

Tú

**3. Ambos anoten la principal preocupación que tienen con respecto al tema.**

Yo

Tú

Conversen sobre lo que han escrito. Túrnense para hablar y asegúrense
de escuchar el punto de vista del otro sin culpar ni criticar.

**4. Propongan distintas soluciones potenciales; no descarten ninguna
en esta etapa.**

1.

2.

3.

4.

**5. Analicen las soluciones para ver cuál sería la más adecuada**

**6. Implementen esa solución. Si no da resultados, vuelvan a su lista y prueben
con otra**

# El Compromiso

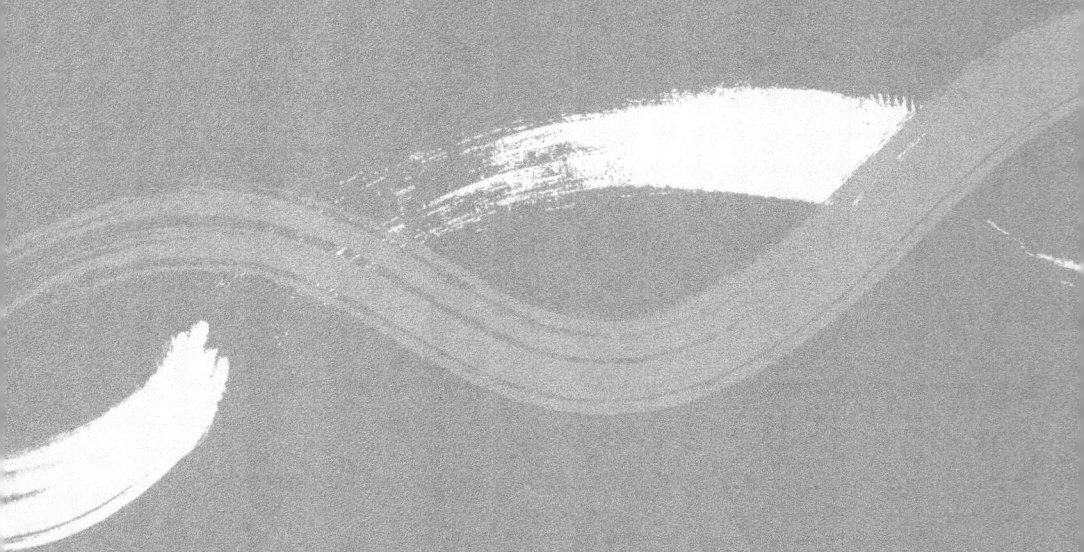

# Sesión 3 - El Compromiso

**El compromiso mutuo nos permite planificar nuestro futuro juntos; nos permite probar cosas, hacer las cosas mal, perdonar, tener la confianza para plantear temas y hacernos vulnerables: el compromiso es 'la esencia del matrimonio', su meollo.**

## Dos consecuencias del compromiso en el matrimonio:

### 1. La Amistad

El matrimonio satisface nuestro anhelo de conexión e intimidad.

El matrimonio no es la única forma de contrarrestar la soledad, pero es la relación humana más cercana que existe.

---

*'No es bueno que el hombre esté solo'.*
— GÉNESIS 2:18

*'Esta sí es hueso de mis huesos y carne de mi carne'.*
— GÉNESIS 2:23

## 2. La Vida Familiar

Lo ideal es que los niños crezcan presenciando una relación íntima, comprometida y duradera entre sus padres.

Una de las mejores maneras en que los padres pueden amar a sus hijos es amándose entre ellos.

Un matrimonio sólido puede romper un ciclo de relaciones fallidas

**"**

**No existe el matrimonio perfecto. Las discusiones o desacuerdos son inevitables, pero lo importante es volver a juntarse, perdonarse y amarse mutuamente. Es importante que los niños aprendan que tener opiniones diferentes es normal.**

DR. MOSUN DORGU

## CONVERSACIÓN 1
5 minutos

### LOS BENEFICIOS DEL MATRIMONIO
Conversen entre los dos:

– ¿Cuál es el papel del matrimonio en la sociedad?

– ¿Qué les emociona y que les asusta del matrimonio?

---

*'Por eso el hombre deja a su padre y a su madre y se une a su mujer, y los dos se funden en un solo ser".*

— GÉNESIS 2:24

# Creando una relación equitativa

Cada pareja tiene que determinar:

- quien hace que

- quien decide que

- quien toma la iniciativa en las cosas que hay que hacer

Es posible que tengamos suposiciones que surgen a partir del matrimonio de nuestros padres (o principales modelos). Conversen sobre sus expectativas.

**¿Qué suposiciones tienes que surgen a partir del matrimonio de tus padres (o principales modelos)?**

*'Sométanse unos a otros por reverencia a Cristo'.*
— EFESIOS 5:21

## Sometiéndose el uno al otro

Modelo del Nuevo Testamento

- una nueva forma radical de convivir

- requiere entrega mutua (ver Apéndice 2).
- la dominación masculina socavada

> **La enseñanza cristiana ha llevado a que la relación matrimonial se considere como una relación equitativa de entrega mutua.**

Someterse no significa ser pasivo

- el opuesto a exigir o controlar

- buscar poner al otro en primer lugar

- anteponer las necesidades del otro a las nuestras

Analicen cuáles responsabilidades se adaptan mejor a cada uno

- usar sus diferencias para servirse mutuamente

- en algunas áreas, tomar la iniciativa
- en otras, apoyar a tu pareja

Esta es una manera de amar intensa e implica sacrificarse por el bien del otro.

> **Someterse el uno al otro es la clave para un matrimonio amoroso**

---

*'Esposos, amen a sus esposas, así como Cristo amó a la iglesia y se entregó por ella'.*
— EFESIOS 5:25

## CONVERSACIÓN 2
10 minutos

### DIVIDIR RESPONSABILIDADES

1. Escribe hasta seis áreas en las que esperas asumir la responsabilidad.

Por ejemplo: *tareas domésticas, limpiar el baño, sacar la basura, cocinar, pagar las facturas, organizar vacaciones, planchar, escribir cartas de agradecimiento, conducir, leer mapas, hacerlo tu mismo, ganar dinero, jardinería, sacar seguros, hacer compras ...*

1.                              4.

2.                              5.

3.                              6.

2. Escribe hasta seis áreas en las que esperas que tu pareja asuma la responsabilidad.

1.                              4.

2.                              5.

3.                              6.

3. Escribe hasta seis áreas que esperas sean una responsabilidad conjunta.

1.                              4.

2.                              5.

3.                              6.

4. Cuando hayan terminado, comparen sus listas.

5. ¿En cuál de estas áreas esperarías que tu pareja tome la iniciativa en el matrimonio?

# El pacto matrimonial

El pacto que hacemos cuando nos casamos es una decisión de entregarnos completamente el uno al otro en amor, y reforzar esta decisión cada día.

> **El pacto matrimonial mantiene unida a una pareja cuando atraviesan los tiempos difíciles, que son inevitables.**

**Los votos matrimoniales nos dan una seguridad profunda y nos brindan un espacio seguro**

- dentro del cual podemos ser abiertos y vulnerables entre nosotros
- nos dan la confianza para permitir que nuestra pareja nos conozca tal como somos (incluso revelar aquellas partes que mantenemos bien escondidas) y eso construye intimidad
- los votos no se centran en lo que nuestra pareja puede hacer por nosotros, sino en lo que nosotros podemos hacer por ellas

**Pregúntale a tu pareja todos los días: "¿Cómo podría mejorar tu día?"**

## CONVERSACIÓN 3
10 minutos

### LOS VOTOS MATRIMONIALES
Lean juntos los votos matrimoniales y decidan cuál es la frase más importante para cada uno de ustedes. Explícale tu elección a tu pareja (ver el Apéndice 3).

---

*'El amor y la verdad se encontrarán'.*

— SALMO 85:10

# Manejando las finanzas

**El matrimonio implica compartirlo todo.**

Cada pareja necesita agendar tiempo para hablar de las finanzas.

Reconozcan sus diferentes actitudes hacia el dinero.

 - ¿Eres 'ahorrador' o 'gastador'?

**Armen un presupuesto juntos**
(ver el Apéndice 4, Creando un Presupuesto)

 - calcular sus ingresos conjuntos

 - calcular / prever sus gastos

 - discutir el equilibrio entre el gasto, el ahorro y la donación

Si estás endeudado o sabes que tus gastos están fuera de control, busca ayuda.

**Comparen sus sentimientos sobre el dinero; pregúntese:**

 - ¿El dinero me fascina o me aburre?

 - ¿Me hace sentir ansioso o seguro...?

 - ¿...o emocionado o culpable?

 - ¿... o fuera de control?

**El objetivo del matrimonio es desarrollar una relación dinámica en la que duplicamos la experiencia y la sabiduría que aportamos a la gestión de nuestras finanzas y trabajamos juntos en equipo.**

## CONVERSACIÓN 4
10 minutos

### DISCUTIR LAS FINANZAS
Cada uno de ustedes debe completar sus respuestas a las siguientes preguntas y luego conversar sobre lo que han anotado.

1. Describe tu actitud hacia las compras (marca las casillas correspondientes):

☐ fuente de placer                      ☐ me gusta comprar regalos

☐ disfruto de las vitrinas              ☐ a veces lo uso como medio de escape

☐ hago compras impulsivas y excesivas   ☐ sólo compro lo esencial

☐ sólo disfruto gastar dinero en...     ☐ lo evito siempre que sea posible

2. ¿Te preocupa quedarte sin dinero?                          si      no

3. ¿Tendrán una cuenta bancaria conjunta?                     si      no

4. ¿Mantendrán cuentas separadas?                             si      no

5. ¿Cómo equilibrarán sus gastos, ahorros y donaciones?

6. ¿Van a crear un presupuesto?                               si      no

7. ¿Puedes mantener el control con una tarjeta de crédito     si      no

8. ¿Tienes deudas?                                            si      no

    Si es así, ¿cuántas deudas tienes?

    Analiza tus planes de pago.

9. ¿Cuánto podría gastar cada uno sin consultar al otro?

10. ¿Quién administrará sus finanzas?

conjuntamente              marido                    mujer

# Manejando las relaciones con la familia extendida

### 1. Dejando a nuestros padres

**Cuando nos casamos, nuestra relación con nuestros padres debe ser diferente a la que teníamos cuando éramos niños.**

- nuestro matrimonio tiene prioridad

- nuestra primera lealtad ahora es hacia nuestro marido o mujer

No debemos subestimar el enorme cambio que esto conlleva, especialmente si existe una dependencia emocional continua de uno de nosotros con un padre o al revés.

**Nuestra relación matrimonial se convierte en nuestro nuevo centro de gravedad**

- es el primer lugar dónde buscamos consuelo, la seguridad, el afecto

- tenemos una nueva estructura de toma de decisiones

> **Tomen sus propias decisiones y apóyense mutuamente, por pequeña que parezca la decisión.**

### 2. Respetando a nuestros padres

Dar prioridad a nuestro matrimonio no significa que dejemos de amar o respetar a nuestros padres. Establezcamos límites, cuando sea necesario, de la manera más amable y sensible posible.

Muestra gratitud a tus padres por todo lo que hacen y han hecho por ti.

Mantente en contacto con ellos

- Toma la iniciativa

- Decidan juntos sobre el nivel de contacto que tendrán con sus padres y suegros

## CONVERSACIÓN 5
10 minutos

### PADRES Y SUEGROS

Conversen en pareja:

De la siguiente lista, ¿qué posibles áreas de tensión pueden prever con sus padres/ suegros?

| | |
|---|---|
| 1. Vacaciones | 5. Frecuencia de visitas |
| 2. Navidad / otros dias festivos | 6. Duración de las llamadas telefónicas |
| 3. Finanzas | 7. Lealtad distinta |
| 4. Intromisión | 8. Otro... |

¿Cómo podrían resolverse?

**Nuestro objetivo en el matrimonio es construir relaciones de apoyo mutuo con nuestros padres y suegros, en lugar de dejarlos de lado o ser controlados por ellos.**

# Continuando con la conversación

'He aprendido que la montaña rusa de mis emociones no es un buen indicador de la salud de nuestro matrimonio. Lo que funciona bien es tratar nuestro matrimonio como nuestro tesoro más grande e invertir tiempo en él'.

— Miles Protter

**Planifiquen una cita juntos**

| | Lun | Mar | Mier | Jue | Vier | Sáb | Dom |
|---|---|---|---|---|---|---|---|
| ☀ Mañana | | | | | | | |
| ☁ Tarde | | | | | | | |
| 🌙 Noche | | | | | | | |

Mi turno / tu turno para organizar lo que haremos.

Esta semana, podríamos .......................................................................................................

**Iniciadores de conversación para su próxima cita:**
Si el dinero no fuera un factor en la planificación de una cita memo-
rable para nosotros, yo...

**Me haces sentir amado cuando...**

> **Un matrimonio saludable implica una relación equitativa en la cual descubrimos cuales son las fortalezas de cada uno y luego cada uno trabaja con dichas fortalezas.**

## Tomando decisiones

En la columna de la izquierda, anota el porcentaje de quién decidió qué en el matrimonio de tus padres (o Figuras principales) (por ejemplo: 50:50 o 70:30 o 90:10). Luego, en la columna de la derecha, anota tus expectativas para tu propio matrimonio.

Conversen sobre lo que ha puesto cada uno. (Si creciste con un solo padre, sólo rellena la columna de la derecha).

| Mis padres | | Decisiones | Nuestro matrimonio | |
|---|---|---|---|---|
| Padre | Madre | | Marido | Mujer |
| | | Elección de auto nuevo | | |
| | | Elección de donde vivir | | |
| | | Elección de muebles | | |
| | | Elección de vajilla | | |
| | | Elección de ropa propia | | |
| | | Elección de vacaciones | | |
| | | Elección de la decoración del hogar | | |
| | | Elección de cuadros | | |
| | | Elección de cómo criar a los hijos | | |
| | | Elección de programas de televisión | | |
| | | Elección de comida | | |
| | | Elección de la cantidad de niños | | |
| | | Elección del trabajo del marido | | |
| | | Elección del trabajo de la mujer | | |
| | | Determinar cómo se gasta el dinero | | |

# La Conexión

# Sesión 4 - La Conexión

**¿Cómo mantenemos vivo nuestro amor y permanecemos conectados durante todo el curso de un matrimonio?**

# Pasar tiempo juntos

**Mantener vivo el amor es una elección deliberada. Implica:**

- ser intencional

- invertir en su amistad

- formar un hábito diario de conectarse entre sí

**Los beneficios de una cita semanal:**

- oportunidad regular para una comunicación efectiva

-mantiene vivo el romance, el amor, la diversión y la amistad en el matrimonio

**Cuando guardamos nuestros dispositivos electrónicos y enfocamos nuestra atención en nuestra pareja, comunicamos potentemente: 'Te valoro más que a nadie.'**

# Pautas para planificar citas regulares:

Traten de planificar al menos dos horas cada semana para hacer algo
juntos que ambos disfruten

- planifiquen con anticipación (pongan las fechas en sus
  agendas / calendarios para los próximos 3 meses)

- Organicen algo diferente y especial, ya sea que se queden o salgan.
  Prioricen las citas sobre otras demandas

- protejan este tiempo de interrupciones (amigos, familia, teléfono)
  Sean creativos; varíen lo que hacen (tiempo y lugar)

- no suban la barra demasiado alta (una cita no tiene por qué ser costosa).
  Aprovechen las horas de la comida

- guarden los dispositivos electrónicos

- entablen una conversación: hagan preguntas que el otro disfrutará
  responder

## CONVERSACIÓN 1

10 minutos

## CONSTRUYENDO SU AMISTAD

Escriban una lista de seis cosas que les gusta hacer juntos.

1.

2.

3.

4.

5.

6.

Comparen lo que han escrito. ¿Cómo pueden asegurarse de que todavía van a
estar haciendo estas cosas juntas en cinco / diez / quince años?

# Descubriendo las necesidades de tu pareja

Al descubrir lo que hace que nuestra pareja se sienta amada creamos una conexión más profunda entre nosotros y logramos que nuestro amor siga creciendo.

Podríamos ser muy diferentes en la forma en que damos y recibimos amor.

## Los cinco lenguajes del amor

### 1. Palabras

### 2. Regalos

### 3. Actos de servicio

### 4. Tiempo de calidad

### 5. Contacto físico

Las cinco formas de expresar el amor son importantes en el matrimonio, pero suelen haber una o dos que comuniquen el amor de la manera concreta en que lo entendemos.

A menudo, el lenguaje de amor de nuestra pareja será diferente al nuestro

- aprender a mostrarle amor de manera eficaz es parecido al desafío de aprender un idioma diferente

- requiere esfuerzo, disciplina y práctica

[1] La enseñanza sobre Los Cinco Lenguajes del Amor está adaptada del libro más vendido del Dr. Gary Chapman, Los 5 Lenguajes del Amor®: El secreto del amor que perdura (© 2015). Publicado por Northfield Publishing.

## CONVERSACIÓN 2
15 minutos

### DESCUBRIENDO SUS LENGUAJES DEL AMOR

Anota seis ocasiones específicas en las que hayas experimentado el amor de tu pareja por ti.

He experimentado tu amor por mí cuando:

1.

2.

3.

4.

5.

6.

Teniendo en cuenta los seis ejemplos anteriores, anota las cinco formas de mostrar amor en orden de importancia para ti. Luego, analiza en qué orden lo pondría tu pareja. Cuando ambos hayan terminado, muéstrense lo que han escrito.

| Para ti (enumera 1–5) *(1 = más importante)* | El amor expresado a través de: | Para tu pareja número 1–5 *(1 = más importante)* |
|---|---|---|
| | Palabras | |
| | Tiempo | |
| | Regalos | |
| | Contacto físico | |
| | Acciones | |

Si es necesario, corrige la columna 'Para tu pareja' si sus respuestas revelan un orden diferente.

Visiten **www.5lovelanguages.com** para completar un breve cuestionario para confirmar el orden de importancia de estos lenguajes del amor para ti (sólo disponible en inglés).

# Construyendo su relación sexual

**El sexo nos une, no sólo físicamente, sino también emocional, psicológica e incluso espiritualmente.**

> **Piensen en su relación sexual como un viaje de descubrimiento durante toda la vida.**

El buen sexo se **centra en nosotros**, no en mí.

## Cómo establecer y mantener un patrón de buen sexo en el matrimonio:

### 1. Sincronicen sus corazones

**Estén listos para hablar**

- puede resultar difícil por ser profundamente privado y requiere vulnerabilidad
- cuéntense qué es lo que les excita y que no
- no lo dejen al azar

**Olvídense de las relaciones sexuales del pasado.**

- las relaciones del pasado podrían causar celos y desconfianza
- sean honestos el uno con el otro
- si es necesario, desconéctense en las redes sociales de las personas por las cuales alguna vez se sintieron atraídas y eliminen correos electrónicos / mensajes de texto / fotos
- puede que necesiten disculparse y perdonarse mutuamente

## 2. Un buen estado mental

**El buen sexo tiene mucho que ver con nuestro estado mental**

- llenen sus mentes con lo que es hermoso, honorable y mutuamente respetuoso sobre el sexo
- hablen sobre sus expectativas y sus miedos

**Los problemas resultantes del abuso o algún trauma sexual del pasado podrían requerir ayuda profesional** (pidan consejo a su líder del curso)

- Si están luchando en su relación sexual, no entierren el problema
- hablen juntos

> **La mayoría de los problemas sexuales son comunes y tienen solución.**

- lean un libro sobre el sexo juntos (ver Apéndice 5 para libros recomendados)
- busquen ayuda profesional si es necesario

**El uso de pornografía tiene un efecto psicológico dañino y afectará negativamente a la relación sexual de la pareja.** Si la pornografía es un problema en su relación, tengan una conversación honesta y sin prejuicios. El tomar medidas para cambiar tus hábitos tendrá un impacto enormemente positivo en tu relación y hará que el buen sexo sea una realidad en el matrimonio.

**La baja autoestima y la mala imagen corporal afectan nuestras reacciones sexuales**

- construye la seguridad de tu pareja
- sigue admirando el cuerpo de tu pareja

> **El sexo afecta todas las demás áreas de nuestra relación matrimonial, y todas las demás áreas de nuestro matrimonio afectan nuestra intimidad sexual.**

## CONVERSACIÓN 3
10 minutos

## HABLAR DEL SEXO (PARTE 1)
Completa cualquiera de las siguientes oraciones que se apliquen a ti y a tu relación. Luego, charla sobre lo que has escrito con tu pareja.

### Sincronizando sus corazones

Estoy ansioso/a porque ...
Por ejemplo: *expectativas sobre el sexo / sentirse vulnerable al hablar sobre el sexo / una relación sexual pasada / planificación familiar / ser visto desnudo/a*

### Estado mental

Mi perspectiva sobre el sexo se ha visto afectada por...
Por ejemplo: *mi educación o crianza / mensajes negativos sobre el sexo de parte de... / trauma del pasado / baja autoestima / pornografía*

### 3. Preparando sus cuerpos

Hay diferencias significativas entre hombres y mujeres en cuanto a la excitación sexual

- dejar tiempo para los juegos previos y la excitación

Creen un clima de confianza

- el buen sexo depende de permitir que otras áreas de nuestra relación se desarrollen
- hay una fuerte conexión entre entregarnos el uno al otro en nuestros votos matrimoniales y en nuestra relación sexual.
- Practiquen el autocontrol

**El sexo se trata de entregar nuestros cuerpos el uno al otro.**

# Cuatro consejos prácticos

### 1. Planifiquen tener sexo de forma regular
- lo suficiente para estar estrechamente conectados
- sean intencionales
- priorícenlo

### 2. Hagan que su dormitorio sea especial
- conviértanlo en un espacio tranquilo y seguro
- dejen celulares y pantallas fuera del dormitorio

### 3. Sean creativos
- hablen sobre lo que les gusta o lo que les gustaría hacer juntos
- eviten quedar atrapados en una rutina
- sean imaginativos, amables y respetuosos el uno con el otro

### 4. Planifiquen momentos para irse a algún lugar a solas
- irse de vez en cuando a un lugar diferente

## CONVERSACIÓN 4

10 minutos

### HABLAR DEL SEXO (PARTE 2)

Completa la siguiente frase. Luego, platica sobre lo que has escrito con tu pareja.

**Preparando tu cuerpo**

Me gustaría que hablemos de...

Por ejemplo: *las diferentes formas en que nos excitamos / mantener el sexo para el matrimonio / la regularidad del sexo / nuestra habitación / ser creativos al hacer el amor*

---

*'...que no desvelen ni molesten a mi amada, hasta que ella quiera despertar.'*
— CANTAR DE LOS CANTARES 2:7; 3:5; 8:4

# Continuando con la conversación

"El romance es el puente entre el mundo cotidiano de la practicidad y la privacidad de nuestra relación sexual".

— Nicky y Sila Lee

## Planifiquen una cita juntos

| | Lun | Mar | Mier | Juev | Vier | Sáb | Dom |
|---|---|---|---|---|---|---|---|
| ☀️ Mañana | | | | | | | |
| ☁️ Tarde | | | | | | | |
| 🌙 Noche | | | | | | | |

Mi turno / tu turno para organizar lo que haremos.

Esta semana, podríamos ...................................................................................................................

### Iniciadores de conversación para su próxima cita:

Pregúntense: '¿Cuánto tiempo te gustaría pasar con otros durante la semana y cuánto tiempo te gustaría pasar a solas conmigo?

Pregúntense: '¿Cómo sería tu fin de semana ideal?'

# Tiempo aparte

**Cada matrimonio necesita un equilibrio entre pasar tiempo juntos y tiempo separados.**

Hay dos peligros:
1. Demasiado tiempo separados
2. Falta de espacio para perseguir intereses individuales

Enumera las actividades o hobbies que esperas perseguir sin tu pareja:

1.

2.

3.

¿Con qué frecuencia, y por cuánto tiempo harías estas actividades?

1.

2.

3.

Enumera las actividades o hobbies que esperas que tu pareja persiga sin ti:

1.

2.

3.

¿Con qué frecuencia, y por cuánto tiempo harias estas actividades?

1.

2.

3.

Ahora comparen y conversen sobre sus respuestas.

# Iniciando la Aventura

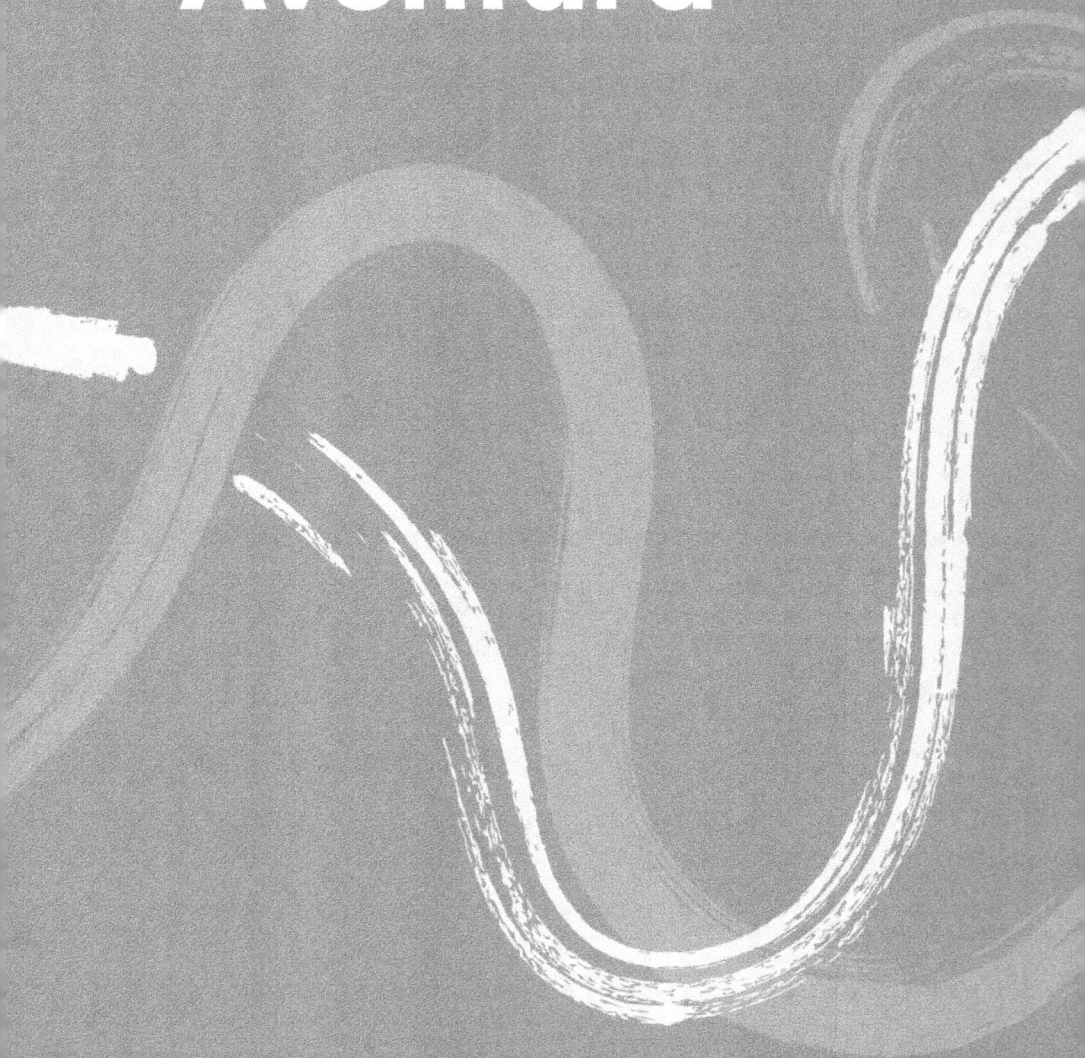

# Sesión 5 – Iniciando la Aventura

**El matrimonio nos brinda una de las mayores oportunidades de la vida y uno de sus mayores desafíos:**

- **la oportunidad** para construir la más íntima de las relaciones, cuyos beneficios van mucho más allá de nosotros mismos
- **el reto para** seguir aprendiendo lo que significa amar a otra persona, mirar más allá de nuestras propias necesidades y seguir descubriendo lo que es importante para nuestra pareja, y luego hacer ajustes en nuestro propio comportamiento

**¿Hay formas en las que necesito cambiar por el bien de nuestra relación?**

# Remar en armonía

## 1. Demostrar admiración

Ningún matrimonio puede sobrevivir a la falta de aprecio.

Expresen su aprecio el uno por el otro incluso cuando no tengan ganas.

Mostrar agradecimiento todos los días sacará el potencial de tu pareja y fomentará su autoestima.

> **"**
>
> **Por cada comentario crítico, debe haber al menos cinco comentarios positivos.**
>
> DR. JOHN GOTTMAN

## CONVERSACIÓN 1
10 minutos

### EXPRESANDO APRECIO
Enumera las fortalezas de tu pareja y las cualidades que más admiras en él o ella:

1.

2.

3.

4.

5.

6.

Luego túrnense para leer en voz alta a su pareja lo que han escrito

> **Cuanto más nos expresamos CON gratitud de nuestra pareja, más agradecidos nos sentimos POR nuestra pareja.**

## 2. Olvidar las expectativas poco realistas

**El matrimonio no puede satisfacer todas nuestras necesidades.**

Nuestra pareja nunca nos amará perfectamente.

Tenemos que aceptar a nuestra pareja como es y no como nos gustaría que fuera.

Las expectativas poco realistas llevan a una espiral descendente de exigencias, decepción, culpas y críticas.

**Si esperamos la perfección, nunca estaremos satisfechos.**

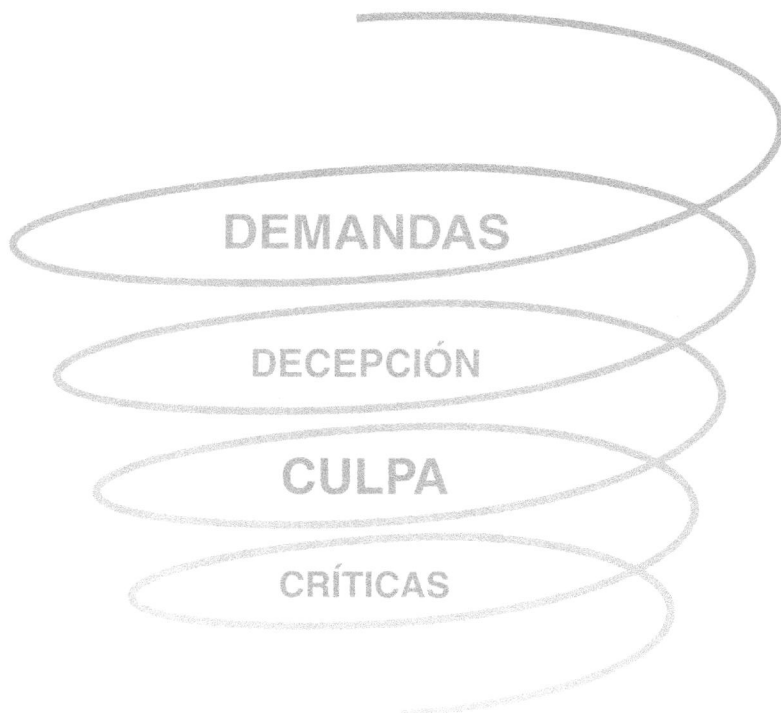

DEMANDAS

DECEPCIÓN

CULPA

CRÍTICAS

## 3. Estar preparados para cambiar

**Podemos cambiarnos a nosotros mismos; no podemos cambiar a nuestra pareja.**

Averigua qué es lo que le importa a tu pareja.

> **Mostrarle a nuestra pareja de grandes y pequeñas maneras que estamos dispuestos a cambiar nuestro comportamiento en lugar de tratar de obligarlos a cambiar, envía un poderoso mensaje de amor.**

## 4. Reconocer cuando exageramos

**Podríamos llegar a reaccionar de forma exagerada cuando nuestra pareja toca un 'punto sensible'**

- esto generalmente será el resultado de experiencias negativas de nuestro pasado
- puede hacer que vayamos directo a la confrontación (como el rinoceronte) o que nos retiremos (como el erizo)

**Necesitamos mirar nuestras reacciones y preguntar:**

- ¿Esto es razonable?
- ¿Es proporcional a la situación?

**El cambio es posible, pero generalmente ocurre paulatinamente:**

- requiere valor
- requiere autoconciencia
- implica ser vulnerable y hablar sobre por qué reaccionamos de tal manera
- podría implicar perdonar a quienes nos han lastimado o decepcionado en el pasado

## CONVERSACIÓN 2

15 minutos

### REFLEXIONANDO SOBRE TU CRIANZA

1. Describe cualquier situación en la que sepas que reaccionas de forma exagerada. Por ejemplo: *'"Me enojo y me pongo de mal humor cuando me apresuran a vestirme y prepararme para salir".*

2. Explica las razones que conozcas para esta reacción exagerada.

Por ejemplo: *'Me hace recordar cómo mi padre solía apresurarnos para salir de la puerta de casa para ir a la escuela por las mañanas y me gritaba que me diera prisa. Nunca me sentía preparado para mi día y me sentía molesto con él'.*

3. Reflexiona sobre si hay alguien de tu pasado a quien necesites perdonar.

Por ejemplo: *'Necesito perdonar a mi papá por estar tan enojado e impaciente conmigo todas las mañanas'.*

4. Dile a tu pareja cómo podría ayudarte a evitar esta reacción exagerada.

Por ejemplo: *'Siempre dame suficiente tiempo para prepararme y esfuérzate por no gritarme si estamos retrasados'.*

Ahora muéstrense lo que han escrito y platiquen sobre cómo podrían ayudarse mutuamente.

# Acordar nuestras prioridades

**Nuestras prioridades en la vida estarán determinadas por nuestros valores.**

Puede que tengamos personalidades muy diferentes, pero tener valores fundamentales similares y prioridades acordadas le permitirá a una pareja construir un matrimonio sólido.

Comparte tus sueños, aspiraciones, esperanzas y anhelos

- dediquen tiempo para establecer un orden de prioridades para las diferentes áreas de sus vidas.

> **Dar prioridad a las personas y a los valores que más nos importan no es algo que sucede automáticamente, sino que tenemos que ser intencionales al respecto**

## Cuatro áreas que se verán afectadas por nuestras prioridades:

### 1. Las Amistades

- no se aíslen como pareja

- protejan su matrimonio de cualquier relación que pueda amenazarlo

- establezcan límites para protegerse del riesgo de una aventura

### 2. Los Niños y la Vida Familiar

- conversen sobre sus expectativas de tener hijos

- sigan apartando tiempo el uno para el otro

### 3. El Trabajo

- no compitan entre sí

- hablen sobre cómo equilibrarían el trabajo y el cuidado de los niños

## 4. La Espiritualidad

- explorar nuestras creencias fundamentales puede acercarnos más
- hablar sobre las creencias y valores que les gustaría transmitir a sus niños
- orar juntos crea más conexión entre nosotros, así como con Dios

**Dios**

**Esposo**     **Esposa**

A medida que cada uno de nosotros busca a Dios para recibir y experimentar su amor, perdón y un sentido de su propósito para nuestras vidas, seremos más capaces de amarnos el uno al otro.

**Apoyarse mutuamente**

Consideren orar juntos, el uno por el otro

- oración diaria - pregúntale a tu pareja: '¿Por qué puedo orar por ti hoy?'

- centrarse en las necesidades del otro

- aceptar las mismas solicitudes día tras día

- empezar con agradecimiento

- orar no es algo que ocurre automáticamente, debe ser planificado

Si no sueles orar, pregúntale a tu pareja:
'¿Cómo puedo apoyarte de la mejor manera hoy?'

---

*'¡La cuerda de tres hilos no se rompe fácilmente!'*

— ECLESIASTÉS 4:12

## CONVERSACIÓN 3

10 minutos

### DETERMINANDO SUS PRIORIDADES

Escriban una lista de sus cinco prioridades principales como pareja.

Luego, al lado de cada prioridad describan una forma en la que esperan poner en práctica juntos en sus vidas.

Utilicen la lista de ejemplos a continuación como ayuda, pero no se limiten a ella. Cuando hayan terminado, comparen y platiquen sobre lo que ha escrito cada uno.

Ejemplos de valores: *salud, creatividad, relación matrimonial, deporte, vocación / trabajo, buena administración del dinero y las posesiones, participación de la comunidad local, aventura, diversión, hospitalidad, amistades, cuidado del medio ambiente, crianza de los niños, educación continua, espiritualidad / relación con Dios, familia extendida, generosidad, actividades de la iglesia.*

Ejemplos de cómo podrían planear poner un valor en práctica:
*Relación con Dios: orar juntos cada día. Nuestra relación matrimonial: agendar tiempo cada semana para divertirse juntos.*

**Prioridad**                         **Cómo vivir ese valor**

   **1.**                                    :

   **2.**                                    :

   **3.**                                    :

   **4.**                                    :

   **5.**                                    :

# Aventureros y cautos

Analicen si uno de ustedes es más aventurero o cauto.

> **Todo matrimonio debe ofrecer suficiente espacio tanto para la aventura como para la cautela. Cuando logran que estas dos fuerzas funcionen bien en su matrimonio, el matrimonio en sí se convierte en una de las grandes aventuras de la vida.**

### Aventureros

Suelen querer aprovechar al máximo todas las posibilidades que ofrece la vida. Ven el matrimonio en sí mismo como una aventura conjunta.

### Cautos

A menudo ven su matrimonio como un lugar seguro al que regresar después de cualquier aventura o desafío que le depare la vida.

Los cautos aportan consistencia y rutina a la relación.

**No hay correlación de género para ninguno de los estilos.**

Tanto los aventureros como los cautos hacen una contribución igualmente importante a la relación.

**- muy poca aventura y su relación podría estancarse**

**- demasiada aventura y podrían sentirse desbordados**

Como pareja, su responsabilidad es valorar tanto la energía de la aventura como la seguridad de la recuperación.

**"**

**Todo el mundo busca dos cosas en la vida: la aventura y la seguridad.**

G. K. CHESTERTON

## CONVERSACIÓN 4

10 minutos

## AVENTURERO O CAUTO

Hagan el siguiente ejercicio por su cuenta y luego conversen sobre el mismo.

Marca con tus iniciales donde crees que tú y tu pareja se encuentran en la línea entre los dos extremos:

| AVENTURERO | CAUTO |
|---|---|
| Nuevos amigos | Mismos amigos |
| Explorar nuevos lugares | Creo un hogar seguro |
| Disfruto el cambio | Disfruto la rutina |
| Me encanta viajar | Me encanta quedarme |
| Vacaciones en lugares nuevos | Regresar a los mismos lugares |
| Me relajo al ser activo | Me relajo al descansar |
| Me gusta la incertidumbre | Me gusta la certeza |
| Me gustan las sorpresas | No me gustan las sorpresas |
| Disfruta de los desafíos | Prefiero la zona de confort |
| Me gustan los horarios de trabajo flexibles | Prefiero horarios fijos |
| Activo | Relajado |
| Persigo nuevos intereses | Prefiero intereses conocidos |
| Disfruto salir | Disfruto regresar a casa |
| Vivo de la adrenalina | Vivo con tranquilidad |
| Necesito acción | Necesito dormir lo suficiente |
| Tomo riesgos | Aversión al riesgo |
| Más orientado a las tareas | Más relacional |
| Siempre quiero probar cosas nuevas | Disfruto de las tareas conocidas |

- Analicen si uno de ustedes está más del lado de las aventuras y el otro del lado con cautela.
- Evalúen si necesitan aumentar la aventura o la seguridad en su relación.
- Hablen sobre lo bien que se equilibran entre sí.

Cuando ponemos en práctica las herramientas de este curso (hablar y escuchar bien, usar los lenguajes del amor del otro, expresar nuestro aprecio mutuo, vivir nuestras prioridades compartidas) construimos una relación de amor que puede sortear incluso la tormenta más fuerte.

*Grábame como un sello sobre tu corazón; llévame como una marca sobre tu brazo. Fuerte es el amor, como la muerte, y tenaz la pasión, como el sepulcro. Como llama divina es el fuego ardiente del amor. Ni las muchas aguas pueden apagarlo, ni los ríos pueden extinguirlo. Si alguien ofreciera todas sus riquezas a cambio del amor, solo conseguiría el desprecio.*

— CANTAR DE LOS CANTARES 8:6-7

# Continuando con la conversación

"Durante todo el transcurso de un matrimonio, nunca sabremos absolutamente todo sobre nuestra pareja; siempre habrá más para descubrir y apreciar".

— Nicky y Sila Lee

## Planifiquen una cita juntos

| | Lun | Mar | Mier | Juev | Vier | Sáb | Dom |
|---|---|---|---|---|---|---|---|
| ☀ Mañana | | | | | | | |
| ☁ Tarde | | | | | | | |
| 🌙 Noche | | | | | | | |

Mi turno / tu turno para organizar lo que haremos.

Esta semana, podríamos .............................................................................................................

## Ideas para nuestras citas de este mes...

1.

2.

3.

4.

**Iniciadores de conversación para su próxima cita:**
Dile a tu pareja: "Si pienso en nosotros dentro de veinte años, lo que más me emociona es..."

**Las tres cosas que más admiro de ti son...**

## Llevarlo a la práctica

Tres cosas que quiero recordar y llevar a la práctica
del Curso para Novios son:

1.

2.

3.

Muéstrale a tu pareja lo que has escrito.

Ahora pregúntale: "¿Cuáles son las tres cosas que te gustaría
que yo recuerde y llevara a la práctica?"

1.

2.

3.

# Apéndice 1

¿Listos para el matrimonio?

**- La prueba de compartir**

¿Quiero compartir el resto de mi vida con mi pareja?

**- La prueba del carácter**

¿Pienso que mi pareja tiene un buen corazón?

**- La prueba de fuerza**

¿Nuestro amor me da energía y fuerza, o me agota?

**- La prueba del respeto**

¿Respeto a mi pareja?

**- La prueba del hábito**

¿Acepto a mi pareja como es ahora (inclusive con sus malos hábitos)?

**- La prueba de la pelea**

¿Somos capaces de reconocer nuestros errores, disculparnos y perdonarnos mutuamente?

**- La prueba de interés**

¿Tenemos intereses en común que forman una base de amistad?

**- La prueba del tiempo**

¿Hemos pasado todas las estaciones y diversas situaciones juntos? Estas pruebas has sido adaptadas de Married You por Walter Trobisch (IVP, 1973).

Si no puedes responder afirmativamente a las preguntas anteriores, te sugerimos que converses sobre tus sentimientos con alguien que no sea tu pareja.

# Apéndice 2

# Efesios 5:21–33

'21Sométanse unos a otros, por reverencia a Cristo. 22Esposas, sométanse a sus propios esposos como al Señor. 23Porque el esposo es cabeza de su esposa, así como Cristo es cabeza y Salvador de la iglesia, la cual es su cuerpo. 24Así como la iglesia se somete a Cristo, también las esposas deben someterse a sus esposos en todo. 25Esposos, amen a sus esposas, así como Cristo amó a la iglesia y se entregó por ella 26para hacerla santa. Él la purificó, lavándola con agua mediante la palabra,27para presentársela a sí mismo como una iglesia radiante, sin mancha ni arruga ni ninguna otra imperfección, sino santa e intachable. 28Así mismo el esposo debe amar a su esposa como a su propio cuerpo. El que ama a su esposa se ama a sí mismo, 29pues nadie ha odiado jamás a su propio cuerpo; al contrario, lo alimenta y lo cuida, así como Cristo hace con la iglesia,30porque somos miembros de su cuerpo. 31"Por eso dejará el hombre a su padre y a su madre, y se unirá a su esposa, y los dos llegarán a ser un solo cuerpo". 32Esto es un misterio profundo; yo me refiero a Cristo y a la iglesia. 33En todo caso, cada uno de ustedes ame también a su esposa como a sí mismo, y que la esposa respete a su esposo'.

1. El contexto para este pasaje entero es: 'Sométanse unos a otros por reverencia a Cristo'. (Efesios 5:21) (Someterse es lo opuesto a dominar o buscar controlar al otro. El matrimonio está diseñado para ser una relación de entrega mutua mientras buscamos servirnos el uno al otro, anteponiendo las necesidades de nuestra pareja a las nuestras).

2. Comparen los deberes del esposo y la esposa (se le escribe más al esposo debido a la cultura predominante en la que el esposo tenía todos los derechos sobre su hogar):

   - el deber del esposo: 'Esposos, amen a sus esposas, así como Cristo amó a la iglesia y se entregó por ella ... Así mismo el esposo debe amar a su esposa como a sí mismo'. (Efesios 5:25,28)

   - el deber de la esposa: 'Esposas, sométanse a sus propios esposos como al Señor'. (Efesios 5:22)

3. "Cabeza" no necesariamente significa líder. San Pablo está enfatizando la estrecha conexión entre marido y mujer en el matrimonio. Ya no pueden actuar independientemente el uno del otro.

4. El liderazgo de servicio significa asumir la responsabilidad en lugar de dejar el problema a nuestro esposo o esposa: debemos tomar la iniciativa en lugar de tomar el control.

5. Todo el pasaje se sitúa en el contexto de buscar la voluntad de Dios en lugar de buscar imponer nuestra propia voluntad: 'Comprueben lo que le agrada al Señor... entiendan cuál es la voluntad del Señor' (Efesios 5:10,17).

# Apéndice 3

# Los votos matrimoniales

**El sacerdote / ministro le dice al novio:**

[Nombre], ¿quieres recibir a [Nombre] como esposa? ¿La amarás, la consolarás, la honrarás y protegerás y, renunciando a todos los demás, la serás fiel mientras ambos vivan?

**El novio responde:**     Sí, quiero

**El sacerdote / ministro le dice a la novia:**

[Nombre], ¿quieres recibir a [Nombre] como esposo? ¿Lo amarás, lo consolarás, lo honrarás y lo protegerás y, renunciando a todos los demás, lo serás fiel mientras ambos vivan?

**La novia responde:**     Sí, quiero

**El novio toma la mano derecha de la novia en la suya y dice:**

Yo, (Nombre), te quiero a ti, (Nombre), como esposo
y me entrego a ti, y prometo serte fiel
en la prosperidad y en la adversidad,
en la salud y en la enfermedad,
y así amarte y respetarte
todos los días de mi vida.

**La novia toma la mano derecha del novio entre la suya y dice:**

Yo, (Nombre), te quiero a ti, (Nombre), como esposa
y me entrego a ti, y prometo serte fiel
en la prosperidad y en la adversidad,
en la salud y en la enfermedad,
y así amarte y respetarte
todos los días de mi vida.

**El novio coloca el anillo en el cuarto dedo de la mano izquierda de la novia y, sosteniéndolo allí, dice:**

[Nombre], te doy este anillo como una señal de nuestro matrimonio. Con mi cuerpo te honro, todo lo que soy te doy, y todo lo que tengo lo comparto contigo, dentro del amor de Dios Padre, Hijo y Espíritu Santo.

**La novia coloca un anillo en el cuarto dedo de la mano izquierda del novio y, sosteniéndolo allí, dice:**

[Nombre], te doy este anillo (o, si sólo se usa un anillo: recibo este anillo) como una señal de nuestro matrimonio. Con mi cuerpo te honro, todo lo que soy te doy, y todo lo que tengo lo comparto contigo, dentro del amor de Dios Padre, Hijo y Espíritu Santo.

# Apéndice 4

# Creando un presupuesto

Consejos de administración de dinero de CAP (Christians Against Poverty):

## Consejos sobre administración del dinero por CAP:

### Elaborar un presupuesto

Elaboren un presupuesto juntos y manténganse fieles a él. Puede sonar muy sencillo, pero es la forma más fácil de dar un seguimiento de cuánto dinero tienen y exactamente cuánto están gastando y en qué.

### ¡Ahorren, ahorren, ahorren!

Incluso si sólo pueden ahorrar una pequeña cantidad cada mes, todo suma. Tener una caja de ahorros para usar cuando enfrenten costos inesperados podría ser un salvavidas. Puede ser útil ahorrar por algunas cosas, por ejemplo, la Navidad o las vacaciones, con anticipación.

### Investiguen

Si han estado con el mismo proveedor de energía durante más de un año, probablemente estén pagando demás. Al investigar las diferentes opciones disponibles, puede que encuentren otra opción más económica que se adapte a sus necesidades.

### Pagar en efectivo

Paguen en efectivo en lugar de con tarjeta. Al entregar dinero físico, es más fácil estar al tanto de lo que están gastando. Además significa que cuando el dinero se acaba,se acaba, lo que les hace reevaluar lo que 'realmente necesitan'.

Si deseas obtener más información sobre Christians Against Poverty (cristianos contra la pobreza), visítanos en capuk.org. Para registrarse para un curso sobre el dinero organizado por CAP en su área, visita **capmoneycourse.org**. (sólo en inglés).

# Planificador de Presupuesto Mensual

**Ingreso mensual promedio** (calcular la cifra anual)

| | | |
|---|---|---|
| Salarios conjuntos | | $............... |
| Otras fuentes de ingresos | | $............... |
| **Total (1)** | $........................... ÷ 12 | $............... |
| | | (mensual) |

| **Gastos regulares fijos** (calcula la cifra anual) | **Real** | **Presupuesto** |
|---|---|---|
| Impuesto del alquiler/ | $............... | $............... |
| Hipoteca | $............... | $............... |
| Servicios (gas, luz, agua) | $............... | $............... |
| Seguros | $............... | $............... |
| Reembolso del préstamo | $............... | $............... |
| Viajes (pase de temporada) | $............... | $............... |
| Automóvil: impuestos, seguros | $............... | $............... |
| Donaciones caritativas | $............... | $............... |
| Otro | $............... | $............... |
| **Total (2)** $........................... ÷ 12 | $............... | $............... |
| | (mensual) | (mensual) |

| **Gastos flexibles 'esenciales'** (cifra anual estimada) | | |
|---|---|---|
| Hogar (comida, farmacia, etc.) | $............... | $............... |
| Ropa/calzado | $............... | $............... |
| Gastos del auto | $............... | $............... |
| Teléfono | $............... | $............... |
| Otro | $............... | $............... |
| **Total (3)** $........................... ÷ 12 | $............... | $............... |
| | (mensual) | (mensual) |

| **Gastos flexibles 'no esenciales'** (cifra anual estimada) | | |
|---|---|---|
| Entretenimiento / Regalos / | $............... | $............... |
| Hospitalidad | $............... | $............... |
| Deporte / Ocio | $............... | $............... |
| Vacaciones | $............... | $............... |
| Salir | $............... | $............... |
| Otro | $............... | $............... |
| **Total (4)** $........................... ÷ 12 | $............... | $............... |
| | (mensual) | (mensual) |

| **Monto mensual para ahorros / emergencias** | | |
|---|---|---|
| **Total (5)** | $............... | $............... |

| **Suma del gasto mensual total (2, 3, 4, 5)** | | |
|---|---|---|
| | $............... | $............... |

| **Comparar con el ingreso mensual total** | | |
|---|---|---|
| | $............... | $............... |

# Apéndice 5

# Lecturas sugeridas para un casamiento

Salmos 19, 84, 85, 91, 121, 139: 1–18

Eclesiastés 4: 9–12

Cantares 2: 10–13

Cantares 8: 6–7

Isaías 40: 25–31

Juan 2:1–11

Juan 15:1–4, 9–17

1 Corintios 13: 1–8 (a)

Efesios 3:14–21

Efesios 5:21–33

Filipenses 2:1–11

Filipenses 4:4–9

Colosenses 3:12–17

1 Juan 4:7–16

# Apéndice 6

# Libros recomendados

**Los Cinco Lenguajes del Amor** por Gary Chapman (Moody Press, Northfield Publishing, 2015)

**The Other Side of Love: Handling Anger in a Godly Way** por Gary Chapman (Moody Press, Northfield Publishing, 1999)

**Límites en el Matrimonio** por Dr. Henry Cloud y Dr. John Townsend (Zondervan, 2002)

**Rules of Engagement: How to Plan a Successful Wedding, How to Build a Marriage that Lasts** por Richard y Katharine Hill (Lion Hudson Plc, 2009)

**Created for Connection** por Dr. Sue Johnson con Kenneth Sanderfer (Little, Brown US, 2016)

**El Significado del Matrimonio** por Timothy Keller con Kathy Keller (Hodder & Stoughton, 2011)

**El y Ella** por Nicky and Sila Lee (Alpha International, 2009)

**The Mystery of Marriage** por Mike Mason (Multnomah, 2005)

**Loving Against the Odds** por Rob Parsons (Hodder & Stoughton, 2010)

**The Sixty Minute Marriage** por Rob Parsons (Hodder & Stoughton, 2009)

**A Celebration of Sex** por Douglas Rosenau (Thomas Nelson, 2002)

**Seasons of Sex & Intimacy** por Emma Waring (Hullo Creative, 2018)

Guías de Estudio para el Curso de Matrimonios y el Curso de Pre-Matrimonios, visite: **churchsource.com/collections/alpha-marriage**

O accese charlas, videos de entrenamiento, vídeos introductorios y guías (descargables) para líderes en: **alphausa.org/marriage**

Si le interesa descubrir más sobre la fe cristiana y le gustaría comunicarse con su Alpha más cercano, visite **alphausa.org**

**Notas**

www.ingramcontent.com/pod-product-compliance
Lightning Source LLC
LaVergne TN
LVHW010017260326
834858LV00030B/558